© 2006 Edition Axel Menges, Stuttgart/London
ISBN 978-3-936681-06-2

Text Text
Kaye Geipel, Berlin

Photos Photographs
Svenja Bockhop, Berlin
Brigida Gonzalez, Stuttgart
Roland Halbe, Stuttgart

Reproduktionen Reproductions
highlevel GmbH, Berlin

Druck Printing
Druckhaus Münster GmbH, Kornwestheim

Bindung Binding
Verlagsbuchbinderei Karl Dieringer GmbH,
Gerlingen

Übersetzung ins Englische Translation into English
Michael Robinson, London

Gestaltung Design
Karina Marzahn, Berlin

Herausgeber Editor Kaye Geipel

KUNSTMUSEUM STUTTGART

Hascher Jehle Architektur

Edition Axel Menges

Flankiert vom Königsbau zur Rechten und dem Wittwer-Bau zur Linken, schließt das neue Museum die seit den 1960er Jahren fehlende Ecke des Schloßplatzes.

Flanked by the Königsbau on the right and the Wittwer building on the left, the new museum completes the corner of Schloßplatz that has been missing since the 1960s.

Glatt, geometrisch, reflektierend – der Museumswürfel ist Teil in einem Gewebe für sich selbst stehender, aufeinander bezogener Einzelbaukörper.

Smooth, geometrical, reflective – the museum cube is part of a fabric of self-assertive individual buildings relating to each other.

Topographie und Städtebau Topography and urban development

Die beiden wichtigsten städtebaulichen Achsen Stuttgarts kreuzen sich im Zentrum des Talkessels am Schloßplatz. Genaugenommen handelt es sich gar nicht um eine Kreuzung, sondern um ein großes T, das der Stadtmitte den räumlichen Halt gibt. Man sieht diese beiden kräftigen Einschnitte in den Stadtkörper schon von weiter Ferne. Von den südöstlichen Hängen der Stadt, von der Weinsteige oder dem Frauenkopf herkommend, wird man auf der Höhe des Wilhelmspalais von der Planie wie von einem Trichter eingefangen und gelangt, flankiert vom Neuen Schloß zur Rechten und vom Alten Schloß zur Linken, zur Königstraße. Als habe der geometrische Stadtgrundriß der Wucht der von Südosten herandrängenden Hänge hier nicht ganz standhalten können, ist das Neue Schloß und mit ihm die Planie im Verhältnis zur Königstraße etwas aus der Achse gedreht. Die Abweichung vom rechten Winkel – der um sechs Grad »gekippte« und instabil wirkende Fuß des T – gibt dem Schloßplatz seine charakteristische Raumfigur.

Noch bis Anfang der 1960er Jahre endete die Planie im Mittelrisalit des Kronprinzenpalais, begleitet von der Säulenflucht des Königsbaus. Nach dem Abriß des kriegszerstörten Palais mündete die Planie dann in der Konstruktion des über einem großen Tunnelmund aufgeständerten Kleinen Schloßplatzes. Aus dem großen T wurde damals verkehrstechnisch eine große Kreuzung; fünf Autospuren und zwei Straßenbahnlinien förderten die Tunnelröhren ans Licht. Fragwürdig war der 1968 von Hans Kammerer, Walter Belz und Max Bächer erbaute »Stadtbalkon« weniger wegen seiner Formensprache als wegen der mangelnden Baumassen, die den erhöhten Platz in der Tiefe des Raumes verschwinden ließen – das Gesicht des Schloßplatzes war, wie Paul Bonatz Anfang der 1950er Jahre vorausgesagt hatte, an dieser Stelle in zwei Teile zerbrochen.

Die einstige Lücke besetzt jetzt das neue Kunstmuseum der Architekten Hascher und Jehle. Vier Jahrzehnte hat es gedauert, bis die Längsachse der Königstraße wieder geschlossen werden konnte. Der Neubau gibt auch der Planie ihr markantes Ende zurück. Das Museum bildet jetzt wieder das 1963 verlorene Vis-à-Vis zum Wilhelmspalais, jenem prägnanten Bau von Giovanni Salucci, der dem letzten König von Württemberg als Residenz diente, weil dieser das Neue Schloß für zu groß geraten hielt. In diesem Palais, Anfang der sechziger Jahre von Wilhelm Tiedje wiederaufgebaut, befindet sich heute die Stadtbibliothek. Der gläserne Museumswürfel antwortet auf die großen, weiten Linien des Stadtraums und auf seine Lage in der belebtesten Ecke des Schloßplatzes mit zwei unterschiedlichen Gesichtern. Aus der Fernperspektive nimmt der Würfel selbstbewußt seinen Platz ein, er wirkt hart und nahezu undurchsichtig. Er läßt seine Kanten messerscharf hervortreten, und das Quadrat seiner Fassade, das je nach Jahres- und Tageszeiten die Umgebung reflektiert, schiebt sich als vielfarbige Hauswand in den Stadtraum. Aus der Nahperspektive wird aus der abstrakten Fassadenwand ein Baukörper, der einen Kern aus Naturstein offenlegt und von Stegen und Treppen umgeben ist – das geschlossene Haus mutiert zum begehbaren Turm. Vor allem bei Nacht, wenn der Naturstein von Strahlern beleuchtet rötlich schimmert, läßt das Museum seine präzise Geometrie fast vergessen.

Fügt sich der Neubau aus größerer Distanz mit den Kolonnaden des Königsbaus zu einer nahezu geschlossenen Straßenfront, so ändert sich dieser Eindruck, sobald man dem Museum näherkommt. Die Lücken zu den Nachbargebäuden Königsbau und Buchhaus Wittwer weiten sich, und zwei breite Treppenanlagen verbinden das Schloßplatzeck mit dem neuen Kleinen Schloßplatz. Auch die schmale, neu gezogene Fürstenstraße findet hier noch einen Zugang. Geschlossene Räume aus der Ferne, offene aus der Nähe – es ist diese zweifache Lesart, mit der der Neubau den Gordischen Knoten gelöst hat, wie denn die Leere zu füllen sei, die das Kronprinzenpalais einst hinterlassen hatte.

Stuttgart's two major urban axes cross at the centre of the enclosed valley in Schloßplatz. To be precise, they do not really cross, but form a large T-shape that gives the city centre its spa-

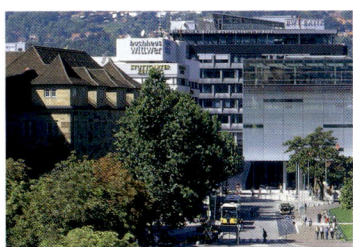

tial hold. These two powerful incisions into the body of the city can be seen from a considerable distance. Coming from the city's south-eastern slopes, from the Weinsteige or from the Frauenkopf, you are drawn in at the level of the Wilhelmspalais by the Planie as if by a funnel, and then taken, flanked by the Neues Schloß on the right and the Altes Schloß on the left, to Königstraße. As if the geometrical ground plan was not quite able to bear the weight of the slopes thrusting in from the south-east, the Neues Schloß and with it the Planie are shifted a little off the axis. This deviation from the right angle – the stem of the T is »tilted« through six degrees and seems unstable – gives Schloßplatz its characteristic spatial figure. Right until the early 1960s the Planie ended at the central projection of the Kronprinzenpalais, accompanied by the line of columns on the Königsbau. When the war-damaged palace had been pulled down, the Planie then led into the structure of the Kleiner Schloßplatz, which was raised above a large tunnel mouth. At that time the large T became a major transport junction; the tunnels brought five lanes of cars and two tramlines up into the light. The »urban balcony« built in 1968 by Hans Kammerer, Walter Belz and Max Bächer was questionable not so much because of its formal language, but because of the lack of building mass, which meant that the raised square disappeared in the depths of the space – as Paul Bonatz had predicted in the early 1950s, the face of Schloßplatz was broken in two at this point.

The former gap is now occupied by the new Kunstmuseum by the architects Hascher and Jehle. It has taken four decades for the longitudinal axis of Königstraße to be closed again. The new building also restores the Planie's striking termination. The museum can now again act as a counterpart, lost in 1963, to the Wilhelmspalais, that succinct building that the last king of Württemberg used as a residence because he thought the Neues Schloß had got two big. The municipal library is now accommodated in this palace, restored in the early sixties by Wilhelm Tiedje. The glass museum cube responds to the large, sweeping lines of the urban space and to its position in the liveliest corner of Schloßplatz with two different faces. Seen from a distance, the cube occupies its place self-confidently, seeming hard and almost opaque. It pushes its knife-sharp edges forward, and the square of its façade, which reflects the surroundings according to the seasons and the time of day, thrusts into the urban space as a multi-coloured building wall. On closer view the abstract façade wall becomes a building that reveals a core in natural stone, and is surrounded by walkways and steps – the closed building mutates into an accessible tower. Above all at night, when the natural stone shimmers red in the floodlights, the museum allows us to forget its precise geometry.

From a greater distance the new building fits together with the colonnades of the Königsbau to form an almost closed street façade, but this impression changes as soon as you get closer to the museum. The gaps widen between it and the neighbouring buildings, the Königsbau and the Wittwer bookshop House, and two wide flights of steps link the corner of Schloßplatz with the new Kleiner Schloßplatz. And the narrow, newly drawn Fürstenstraße is also allowed in here. Closed spaces from a distance, open ones from close to – this double reading is the building's way of cutting the Gordian knot of how to fill the gap once left by the Kronprinzenpalais.

Die Planie – zuerst ein geschwungenes Verkehrsband mit Tunnelschlund, dann eine grüne Achse mit Boulevardappeal – führt am Schloßplatz auf das Museum zu.

The Planie – first a curved traffic strip with tunnel chasm, then a green axis with the charm of a boulevard – leads to the museum in Schloßplatz.

Die Lücke in der Königstraße, die drei Jahrzehnte mit einem grauen Stadtbalkon kargte, wird jetzt durch den scharfkantigen Würfel geschlossen.
Die Glasfassade vervollständigt Baukörperformen, spiegelt Horizontlinien und wirft lichtblaue Flächen in den Raum.

The gap in Königstraße, frugally filled by a grey urban balcony for three decades, is now closed by the sharp-edged cube.
The glass façade completes building forms, reflects horizon lines and casts areas of light blue into the space.

Das gläserne Fassadenfeld ist von einem kaum sichtbaren Trägerrost abgehängt. Horizontal bedruckte Bänder unterstützen die Sonnenschutzwirkung.
Blickt man vom Museum zurück zur Planie, entdeckt man das Wilhelmspalais als städtebauliches Vis-à-vis.

The glazed façade field is suspended from a scarcely visible supporting grid. Horizontally printed bands reinforce the shading effect.
Looking back from the museum to the Planie, the Wilhelmspalais appears as an urban counterpart.

Changierende Flächen: Je nach Lichteinfall wirkt der Bau opak, semitransparent oder klarsichtig. Die Glaswand auf der Nordostseite begleitet die große Freitreppe, die zum Kleinen Schloßplatz führt.

Iridescent surfaces: the building looks opaque, semi-transparent or clear according to the incident light. The glass wall on the square on the north-east side accompanies the large open-air staircase leading to the Kleiner Schloßplatz.

| In Größe und Dimension versteht sich der neue Kleine Schloßplatz als Teil einer Folge städtischer Plätze, die von der Königstraße aus über den Durchstich zum Schillerplatz bis zum Marktplatz reichen.
Ein in den Boden eingelassenes Glasband belichtet die unterirdische Wegführung des Museums. | The scale and dimensions of the new Kleiner Schloßplatz make it part of a sequence of urban squares extending from Königstraße via the way through to Schillerplatz to the marketplace.
A strip of glass let into the floor provides light for the underground pathways through the museum. |

In der Dämmerung wird die Glashaut durchsichtig und läßt die gebrochene Textur des ockerfarbenen Jurakalksteins nach außen treten.
Die breiten Sitzstufen der Freitreppe sind eine Reverenz an jenes Provisorium von Walter Belz, mit dem 1993 die obsolet gewordene Tunneleinfahrt geschlossen wurde.

At twilight the glass skin becomes transparent and allows the broken texture of the ochre-coloured Jurassic limestone to make an impact outside.
The broad steps of the open-air staircase can be sat on, and are a reverence to Walter Belz's temporary solution for closing the tunnel entrance when it became obsolete in 1993.

Verschiedene Öffnungen zu den Wechselausstellungsräumen im Turm punktieren die Kalksteinwände. Erschlossen werden die Räume durch umlaufende Galerien und Treppen.

Various apertures for the temporary exhibition spaces in the tower punctuate the limestone walls. Access to these rooms is via galleries running round them, and steps.

Geschichte und Wettbewerb History and competition

Eine weitreichende Entscheidung der Stuttgarter Baupolitik bescherte der Innenstadt 1968 jene metaphysische Leere, die den Namen »Kleiner Schloßplatz« erhielt. Wer wollte, konnte darin die Botschaft lesen, daß sich der zerbrochene gesellschaftliche Konsens auf dem Spielbrett des öffentlichen Bauens nur noch in der Form von kleinen Pavillonbauten widerspiegeln ließ. Von architektonischer Repräsentation war damals sowieso nicht die Rede, es ging um Stadttechnik und Mobilität. Die sich hinter ihren runden Brüstungen wegduckende Bebauung machte deutlich: Hier triumphierte die mobile Stadt und mit ihr das periphere Bauen über die repräsentative Mitte. Der Kleine Schloßplatz wurde dann allerdings auch zum Symbol für die Kehrtwende in der Verständigung über das künftige Bild einer innerstädtischen Architektur. Gerechterweise muß man hinzufügen, daß der jahrelange Konflikt, wie mit dieser Seite des Schloßplatzes umzugehen sei, weit in der Vergangenheit seinen Ursprung hat. Wieviel Platzwand und Fassung der Schloßplatz an dieser Stelle nötig hatte, entschied sich nicht erst an jenem Tag im Jahr 1963, als das Kronprinzenpalais abgerissen wurde. Bis in die Mitte des 19. Jahrhunderts war die Innenstadt eher konzentrisch um die Fixpunkte Altes und Neues Schloß gewachsen. Mit dem voluminösen Königsbau allerdings, 1855 bis 1859 von Johann Michael Knapp und Christian Friedrich von Leins gebaut, bekam die bürgerliche Stadt plötzlich ein neues Gesicht. Es war so kräftig und eindrucksvoll, daß der Stuttgarter Westen auf der Rückseite vom Stadtkern wie abgeriegelt schien. Die monumentale Säulenkolonnade des Königsbaus, hinter der sich Läden, Wohnungen und Ballsäle verbargen, bestimmte jetzt das Vis-à-Vis zum Neuen Schloß und machte die Königstraße, den einstigen »Großen Graben«, zur dominierenden Achse.

Nach dem Zweiten Weltkrieg änderte sich die Blickrichtung. Die Verkehrsplaner träumten von einem multidirektionalen Knoten in der Stadtmitte. Die Ost–West-Richtung quer zum Talkessel sollte wichtiger, die vom Bahnhof her aufgefädelte Bürobebauung und die Universität besser angebunden werden und der Westen hautnah erreichbar sein. In der Theorie konnten die Stadtplaner ein glaubwürdiges Ziel vorweisen: die stadträumliche Abkoppelung des Westens rückgängig zu machen. In der Praxis gelang dies nur für die Autofahrer. Während die Autos vierspurig über den Platz brausten, wurden die Fußgänger hinauf in das Pavillonlabyrinth des Kleinen Schloßplatzes geschickt. Schon Anfang der 1970er Jahre wurden Zweifel an diesem Verkehrskreuz laut. Die Königstraße wurde kurz darauf von Günter Behnisch in eine Fußgängerzone umgebaut und die Längsachse wieder gestärkt. Als dann auch der ebenerdige Straßenbahntunnel wegen der neuen Stadtbahn überflüssig geworden war, wirkte der Kleine Schloßplatz wie ein zufällig übriggebliebenes, überdimensionales Tablett. Es brauchte zwei Jahrzehnte Debatten und eine Kette von Wettbewerben und Gutachten (1982, 1985, 1987), bevor dann in einem vierten Wettbewerb 1999 die komplexe Neuorientierung gelang.

Der erste Wettbewerb, mit stattlichen 285 000 DM Preissumme dotiert, scheiterte am viel zu großen Planungsgebiet und der ungenauen Vorgabe, was mit dem Kleinen Schloßplatz geschehen solle. Beim zweiten Wettbewerb 1985 war erstmals klar, daß auch die Städtische Galerie auf den neuen Platz einziehen würde. Diesmal war es die Vielzahl zusätzlicher Funktionen, die das Ergebnis ins Mittelmaß drückte. Zwei Jahre später forderte der damalige Bürgermeister Manfred Rommel fünf renommierte Büros zu einem Gutachterwettbewerb auf. Henry N. Cobb vom New Yorker Büro Pei Cobb Freed & Partners gewann mit einem opulenten, in jeder Hinsicht zu spät gekommenen Werk der Postmoderne. Weil er die Nachbargebäude zu Statisten degradiert und damit die Anrainer gegen sich aufgebracht hatte, verschwand auch dieser Plan in der Versenkung.

Dann folgten eine lange Pause und ein Zwischenspiel. Zur Internationalen Gartenbauausstellung 1993 rückte Walter Belz, einer der drei Architekten des Kleinen Schloßplatzes, eine Freitreppe mit breiten Sitzstufen gegen die funktionslosen Tunnelröhren. In kurzer Zeit avancierte diese Treppe zu einer Art Logenplatz für

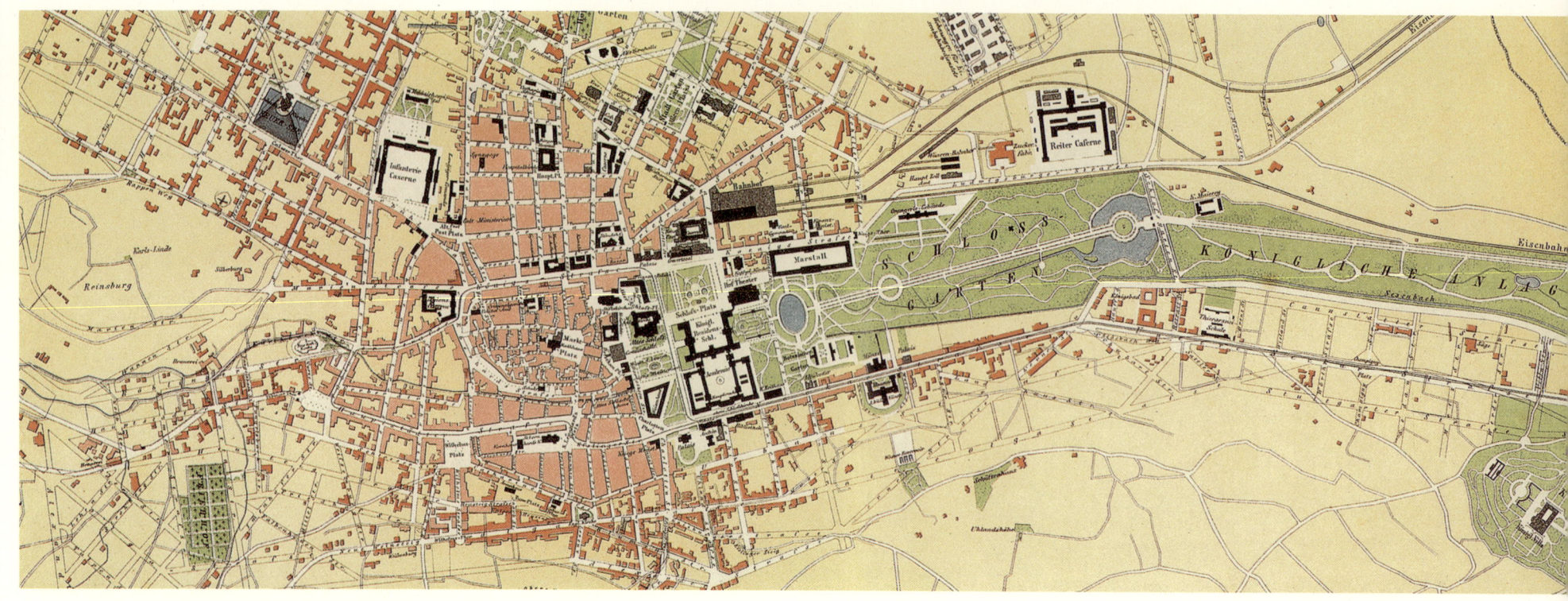

die Passanten mit dem Schloßplatz als Bühnenbild. Es gab jede Menge Straßentheater für die Flaneure, die sich hier mit ihren Einkaufstüten niederließen. Plötzlich konnte sich auch die Stadtverwaltung wieder vorstellen, welche Möglichkeiten an diesem Ort verschenkt wurden.

Der zweistufige vierte und letzte Wettbewerb von 1999 unter dem neuen Oberbürgermeister Wolfgang Schuster machte dann deutlich, daß man in 16 Planungsjahren immerhin gelernt hatte, was eine Neubebauung leisten konnte und was nicht. Eine saubere Platzkante zum Schloßplatz hin würde unbedingt notwendig sein, denn, wie es die späteren Preisträger formulierten, »selbst wenn man die mißliebigen Tunnels einfach wegsprengen würde, so gäbe es doch den Höhenunterschied, den man zur Theodor-Heuss-Straße bewältigen muß«. Durchgesetzt hatte sich damit auch die Wettbewerbsvorgabe, daß eine möglichst großzügige Treppenanlage nach dem bereits erprobten Vorbild die Erschließung der weiter zurückliegenden Teile des Platzes bewältigen könnte. Fest eingeplant war schließlich, daß an prominenter Stelle vorne zum Platz hin ein Kaufhaus gebaut würde, das in zweiter Reihe um das neue Museum zu ergänzen sei. Denn es schien ausgeschlossen, den für die Finanzierung des Museums notwendigen Teilverkauf städtischer Flächen mit dem Grundstück auf der Rückseite zu bewerkstelligen. Der in der zweiten Runde siegreiche Entwurf der Architekten Rainer Hascher und Sebastian Jehle hatte für diesen Zielkonflikt eine überraschende Lösung parat, die es möglich machte, das Museum in die erste Reihe an den Schloßplatz zu rücken. Darüber hinaus kam dieser Entwurf ohne Sonderformen aus und war mit seinen klar gegliederten Baukörpern – sieht man einmal vom unterirdischen Museumsteil ab – einfach zu realisieren. Seiner transparenten Haut und seinen modernen Materialien zum Trotz präsentierte sich dieser Entwurf in städtebaulicher Hinsicht als geradezu konservativ und geschichtsbezogen. Eine solche Feststellung mag überraschen. Doch der Vergleich mit den beiden anderen Entwürfen, die die erste Runde des Wettbewerbs ex aequo abschlossen, macht die unterschiedlichen Ansätze deutlich.

Der junge österreichische Architekt Johannes Überlackner wollte die Lücke mit einem Großbauwerk fast völlig zubauen und die Kaufhaus- und Museumsfunktionen übereinanderschichten: Er hatte eine multifunktionale Infrastruktur im Sinn, wie sie im niederländischen Städtebau en vogue war. Der geschmeidige Entwurf von Hanno Chef von Heinle, Wischer und Partner hingegen versuchte jede Art von Bebauung des neuen Platzes soweit wie möglich zu minimieren: Die Galerie packte er in zwei spitz zugeschnittene, schiffchenförmige Baukörper, und das Kaufhaus drückte er eng an die Buchhandlung Wittwer. Beide Entwürfe zeigten überzeugende Lösungen, hatten aber jeweils auch einen gravierenden Nachteil: Der breite Glasbau von Überlackner hätte

Die um den mittelalterlichen Stadtkern gewachsene Stadt und die Bauten der württembergischen Könige standen sich im 19. Jahrhundert noch unvermittelt gegenüber. Zu Anfang des 20. Jahrhunderts hat die bürgerliche Stadt die Schloßanlagen in ihre Mitte integriert. Das Kronprinzenpalais, im Krieg beschädigt, besetzte bis 1963 die Stelle des heutigen Museums. Dann mußte es der Planung für den Kleinen Schloßplatz weichen.

The city that grew up around the medieval core and the buildings erected by the kings of Württemberg used to face each other directly in the 19th century. In the early 20th century the bourgeois city made the palace buildings an integral part of its centre. The Kronprinzenpalais, damaged in the war, occupied the site of the present museum until 1963. Then it had to make way for plans for the Kleiner Schloßplatz.

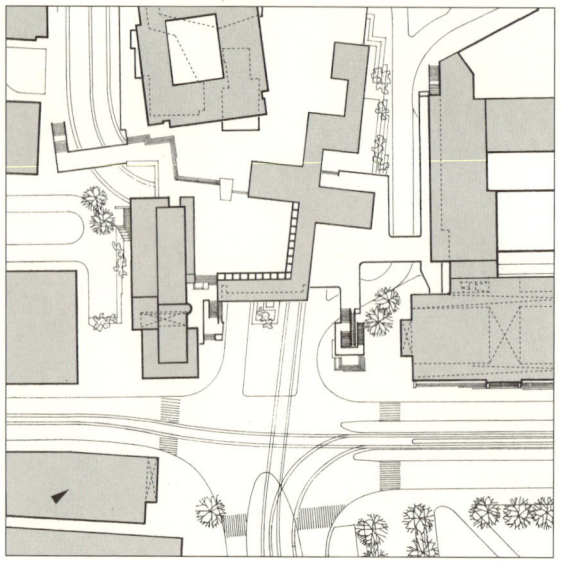

Kurz nach der Eröffnung 1968: Vier Autospuren und zwei Straßenbahnlinien verschwinden in den Tunnels unter dem Kleinen Schloßplatz. 1993 rückte Walter Belz eine Freitreppe mit Sitzstufen vor die inzwischen funktionslos gewordenen Tunnels.

Shortly after the opening in 1968: four lanes for cars and two tram lines disappearing into the tunnels under the Kleiner Schloßplatz. In 1993, Walter Belz placed open-air steps that could be sat on in front of the tunnels, which had now lost their function.

Plan im Maßstab 1:2500

Plan on a scale of 1:2500

dem Königsbau Konkurrenz gemacht, der Entwurf von Hanno Chef den Schloßplatz ein Stück weit entwertet, da eine geschlossene Platzwand weiterhin fehlte.

Der Entwurf von Hascher und Jehle hingegen stürzte sich mit einem Gesamtkonzept aus Würfel- und Platzrandbebauung kopfüber ins Dickicht der kaum zu entwirrenden Geschichte des Ortes. Die einfache Geometrie des gläsernen Würfels hält sich an die Trauflinien der Nachbarbauten; in seiner »Achsensymmetrie«, die vor allem in der Eingangszone deutlich wird, kann man durchaus eine Replik auf den prägnanten Risaliten des einstigen Kronprinzenpalais entdecken. Der Baukörper schließt die Achse der Königstraße, rückt dem Königsbau mit seinem vergleichsweise bescheidenen Volumen aber auch nicht zu nahe. Schließlich weist der Würfel durch seine Aufständerung und seitliche »Einkerbung«, flankiert von zwei unterschiedlich breiten Freitreppen, die nötige Elastizität auf, um den Raum zwischen Königstraße und Kleinem Schloßplatz möglichst fließend zu halten. Um eine Ähnlichkeit mit dem einstigen »Plateau mit Geländer« gar nicht erst aufkommen zu lassen und den neuen Platz im Stadtgrundriß zu verankern, haben sich die Architekten bei der Gestaltung von der weiteren Umgebung leiten lassen: So wie der Schillerplatz gegenüber dem Alten Schloß über breite und schmale gassenartige Durchgänge zu erreichen ist, so wird der neue Kleine Schloßplatz jetzt – ebenfalls übereck – durch solche Durchgänge und Öffnun-

Gewendelte Rampen, gebogene Platzwände und ein Uhrenturm: Der New Yorker Architekt Henry Cobb reihte sich 1987 mit einem besonders opulenten Entwurf in die Reihe glückloser Wettbewerbsgewinner.

Spiral ramps, curved walls on the square and a clock-tower: this particularly opulent design is by the New York architect Henry Cobb, one of the 1987 competition winners who ran out of luck.

gen erschlossen. Selbst seine Größe von etwa 50 auf 50 m und die Höhe seiner Randbebauung lassen den Vergleich mit dem Schillerplatz zu, dessen Mitte das Schillerdenkmal von Berthel Thorvaldsen einnimmt.

Zu viel Geschichtsbezug? Die Architekten waren sich sicher: »An dieser Stelle durfte es keinen ›floating place‹ wie in den sechziger Jahren geben.« Mit zeitgemäßen Materialien und einem Erschließungskonzept, das die Besucherströme raffiniert bündelt und wieder verteilt, war der preisgekrönte Entwurf in der Lage, sich die Fragmente des Grundrisses der 1960er Jahre so anzueignen, daß dieser wieder als historisches Kontinuum gelesen werden kann. Wittwer-Bau und BW Bank wurden durch wirtschaftlich und einfach zu nutzende Bauten mit Büros und Läden zu einer Platzfigur gruppiert. Erst die augenfällige Selbstverständlichkeit dieser Lösung machte es möglich, daß das Museum seine heutige Lage vorn am Schloßplatz erobern konnte – was der Stadt bei der Umsetzung dann doch eine gehörige Portion schwäbischer Überredungskunst im Umgang mit den Investoren abverlangt hat.

Für sich allein wäre der in vorderster Linie plazierte Museumswürfel zwar attraktiv, aber von der Fläche her viel zu klein gewesen. Der Entwurf von Hascher und Jehle ergänzte also diesen Würfel durch einen radikal zeitgenössischen Schritt, was die Kombination der Funktionen und die Nutzung des verfügbaren Raumes »unter Tage« betraf: Vier Fünftel der Ausstellungsfläche wurden in die leerstehenden Tunnelröhren geschoben. Wäre das ganze Museum nicht zu großen Teilen in der Erde versteckt, so sähe man einen überaus schlanken Riegel, auf dem keck ein Würfel balanciert. Es ergab sich ein für ein Museum verblüffend untypischer, aber neue Möglichkeiten bietender Baukörper. Es bleibt die Frage, auf welche Weise die Architekten der Herausforderung begegneten, die ungleichen Teile des Museums – den schmuckkastenartigen Würfel und die von langen Wänden umgebene »Ausstellungswerkstatt« – miteinander zu verknüpfen.

The metaphysical void known as the »Kleiner Schloßplatz« involved the town centre in a far-reaching decision in terms of Stuttgart building policy in 1968. This conveyed the message to anyone who wanted to read it that the shattered social consensus in the field of public building could be reflected only in the form of small pavilion structures. At that time no one was talking about imposing architecture anyway, it was all about urban technology and mobility. The development, crouching away behind its rounded defences, made one thing clear: this was the triumph of the mobile city, and also the triumph of peripheral building over the prestigious city centre. But then the Kleiner Schloßplatz also came to symbolize a U-turn in the way the future image of inner-city architecture was understood. To be fair, it has to be added that the

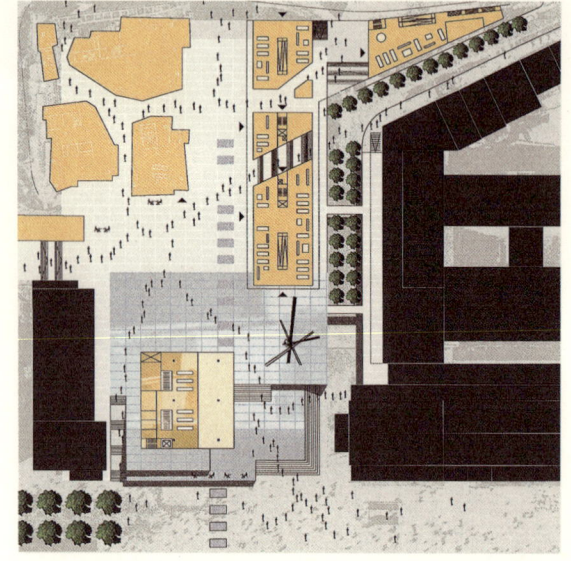

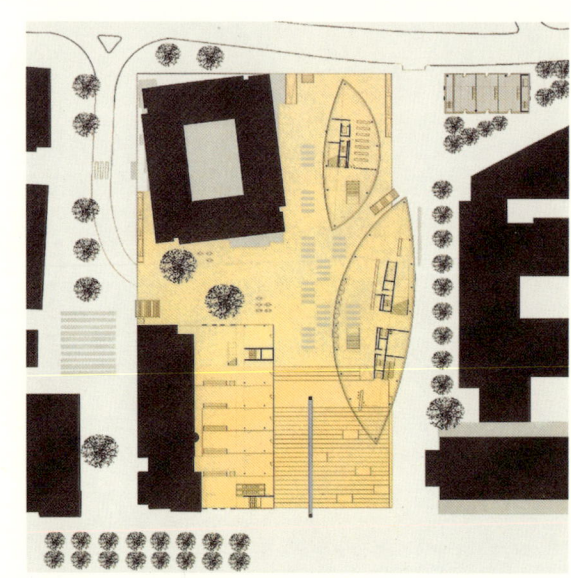

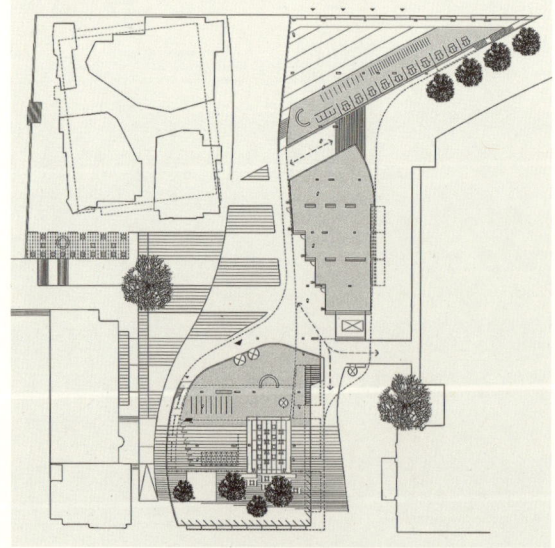

Die drei Preise aus der ersten Phase des vierten Wettbewerbs von 1999. Von oben nach unten der später siegreiche Entwurf von Rainer Hascher und Sebastian Jehle sowie die Entwürfe von Hanno Chef aus dem Büro Heinle, Wischer und Partner und von Johannes Überlackner.

The three prize-winners from the first phase of the fourth competition in 1999. From top to bottom, what was later the winning design by Rainer Hascher and Sebastian Jehle, and the designs by Hanno Chef from the Heinle, Wischer und Partner practice and by Johannes Überlackner.

years of conflict about how to handle this side of Schloßplatz have their origins far back in the past. The day the Kronprinzenpalais was pulled down in 1963 was not the first milestone about how much Schloßplatz needed to be edged and framed. Until the mid 19th century the city centre had tended to grow concentrically around the fixed points of the Altes and the Neues Schloß. But the bourgeois city suddenly acquired a new aspect in the form of the voluminous Königsbau, realised from 1855 to 1859 by Johann Michael Knapp and Christian Friedrich von Leins. It was so powerful and impressive that at the back West Stuttgart seemed to have been sealed off from its connection with the city centre. The monumental colonnade of the Königsbau, which concealed shops, dwellings and ballrooms, now defined the area opposite the Neues Schloß and made Königstraße, once the »Großer Graben (Great Ditch)«, into the dominant axis.

After the Second World War the sightlines changed. The traffic planners dreamed of a multi-directional node in the city centre. The east–west axis lying transverse to the enclosed valley was to become more important, the thread of office development coming up from the railway station and the university were to be better linked, and the west directly accessible. In theory the town planners were able to present a credible aim: cancelling out the urban detachment of West Stuttgart. In practice this only worked for motorists. Four lanes of cars roared across the square, while pedestrians were dispatched up into the labyrinth of pavilions that made up the Kleiner Schloßplatz. Doubts were raised about this traffic junction even in the early 1970s. Shortly after that, Günter Behnisch redeveloped Königstraße as a pedestrian area, thus strengthening the longitudinal axis again. Then when the ground-level tram tunnel was also made superfluous by the new municipal railway, the Kleiner Schloßplatz looked like a larger-than-life tray that had been left over by accident. It took two decades of debate and a whole run of competitions and reports (1982, 1985, 1987) before the complex reorientation was successfully put through in 1999.

The first competition, endowed with a handsome prize of 285 000 marks, failed because the planning area was far too large, and there was no clear brief about what was to be done with the Kleiner Schloßplatz. It only became clear in the second competition, in 1985, that the Städtische Galerie was to move into the new square as well. This time it was the large number of additional functions that pushed the result into mediocrity. Two years later, the then mayor Manfred Rommel asked five distinguished practices to provide advice in a further competition. Henry N. Cobb, from the New York practice Pei Cobb Freed & Partners, won with an opulent Postmodern work that had come too late in every respect. This plan also disappeared without trace as Cobb had reduced the neighbouring buildings to minor roles and thus turned the neighbours against him.

Then came a long pause, and an interlude. Walter Belz, one of the three architects dealing with the Kleiner Schloßplatz, placed a flight of broad open-air steps for sitting on against the now useless tunnels for the 1993 International Garden Exhibiton. These steps very quickly developed into a kind of grandstand seat for passers-by, with Schloßplatz as a stage set. There was all sorts of street theatres for the strollers who settled down here with their shopping bags. Suddenly even the city authorities could imagine what possibilities were being wasted here.

The four-phase competition in 1999, the fourth and last, under the new mayor, Wolfgang Schuster, then made it clear that in 16 years of planning a lesson had at least been learned about what a new development could and could not deliver. A clean periphery was essential for Schloßplatz because, as the later prize-winners formulated, »even if the unpopular tunnels were simply blown up, there would still be the height difference with Theodor-Heuss-Straße to be coped with«. This also met the competition requirement that a flight of steps, on as generous a scale as possible, would be able to deal with access to the areas further towards the back of the square, following the model that had already been tried out. Finally, it was a definite part of the plan that a depart-

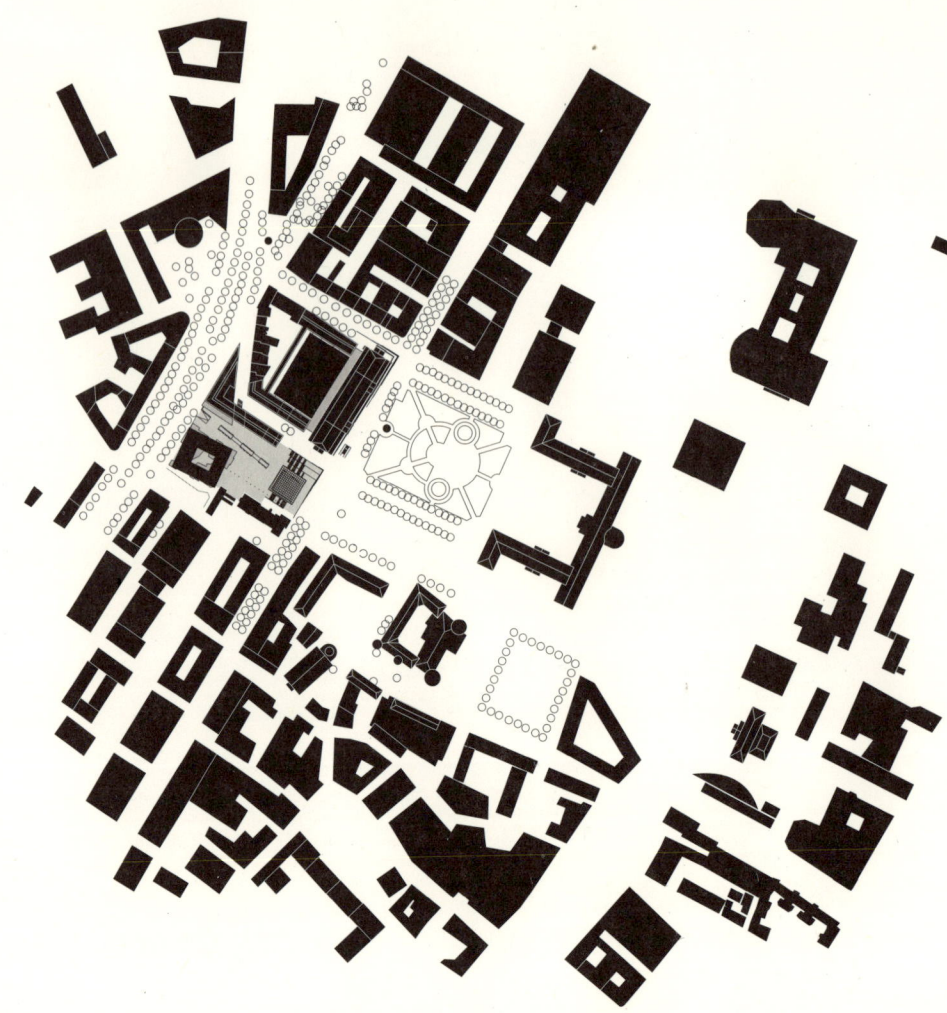

Lageplan im Maßstab 1:7500   Site plan on a scale of 1:7500

ment store should be built in a prominent position facing the square at the front, to be complemented by the new museum in the second row. This was because it seemed out of the question to finance the museum by the necessary partial sale of municipal land at the back. The design by the architects Rainer Hascher and Sebastian Jehle, which won in the second round, then came up with a surprising solution to the conflict of aims that made it possible to shift the museum into the first row on Schloßplatz. As well as this, the design managed without special forms and its clearly articulated buildings would be easy to realize – the underground part of the museum not counted. Despite its transparent skin and modern materials, this design seemed positively conservative and related to history in urban-development terms. This may be a surprising statement. But comparison with the two other designs which equally came out of the first round of the competition, made the different approach clear.

The young Austrian architect Johannes Überlackner wanted to build the gap up almost completely with a large building, and place the museum and department store functions one on top of the other: he had a multi-functional infrastructure in mind, of the kind fashionable in Dutch architecture. Then the supple design by Hanno Chef of Heinle Wischer und Partner tried to minimize any kind of development for the new square as much as he could: he packed the gallery into two buildings shaped like little ships that came to points, and pushed the department store right up to the Wittwer bookshop. Both designs offered convincing solutions, but each had a serious disadvantage: Überlackner's wide glass structure would have competed with the Königsbau, and Hanno Chef's design would have partly devalued Schloßplatz, as the square would still not have been closed off properly.

But Hascher's and Jehle's design plunged into head over heels into the jungle of the sorely tangled history of the place with an overall concept based on cubes and peripheral development for the square. The simple geometry of the glass cube keeps to the eaves height of the neighbouring buildings; its »axial symmetry«, clear in the entrance zone in particular, can definitely be read as a response to the succinct projections of the former Kronprinzenpalais. The building closes the Königstraße axis, but does not move too close to the Königsbau with its comparatively modest volume. Finally, the fact that the cube is raised and has a »notch« at the side, flanked by two flights of steps of different widths, gives it the necessary elasticity to keep the space between Königstraße and the Kleiner Schloßplatz as fluid as possible. To avoid any hint of similarity with the former »plateau with railings«, and to anchor the new square in the city ground plan, the architects allowed themselves to be guided by the design of neighbouring areas: just as Schillerplatz opposite the Altes Schloß is accessed by broad and narrow passages like alleyways, access to the new Kleiner Schloßplatz is also via such passages and openings – and diagonally as well. Even its size, about 50 by 50 m, and the height of its peripheral development, admits comparison with the Schillerplatz, whose centre is occupied by Berthel Thorvaldsen's Schiller monument.

Too much reference to history? The architects were quite certain: »This is not a location for a ›floating place‹ like in the six-

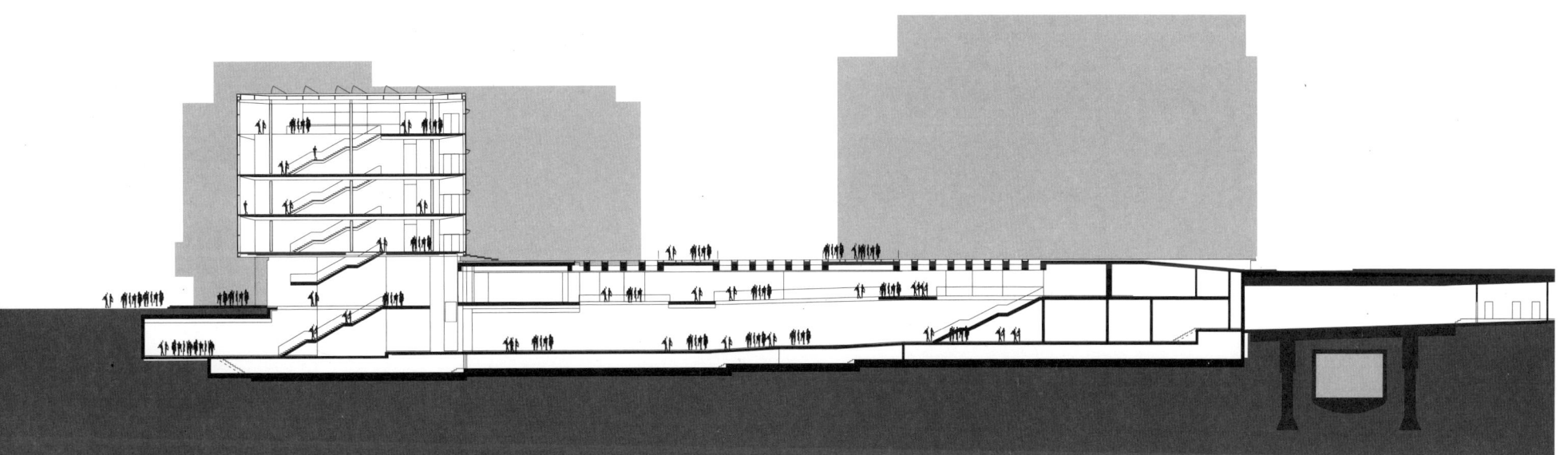

Längsschnitt im Maßstab 1:750　　Longitudinal section on a scale of 1:750

1 Foyer	1 foyer
2 Garderobe	2 wardrobe
3 Buchladen	3 bookshop
4 Seminarbereich/Kounellis-Spange	4 seminary area/Kounellis clasp
5 Ausstellungsräume	5 exhibition area
6 Archiv	6 archives
7 Läden	7 shops
8 Wechselausstellung	8 temporary exhibition
9 Restaurant	9 restaurant

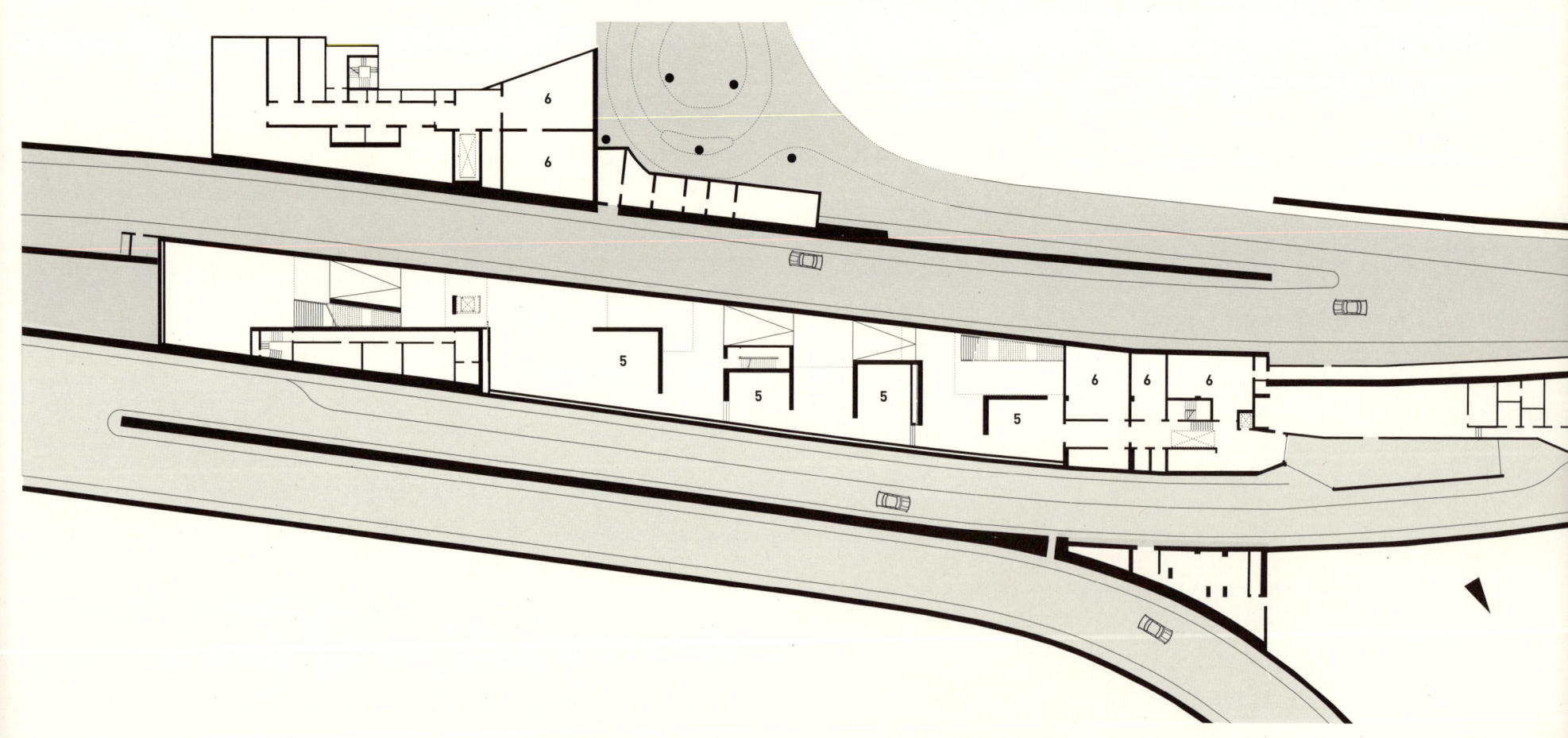

Grundrisse Untergeschoß, Erdgeschoß und 1.–4. Obergeschoß im Maßstab 1:750

Floor plans of the basement, the ground floor and the four upper floors on a scale of 1:750

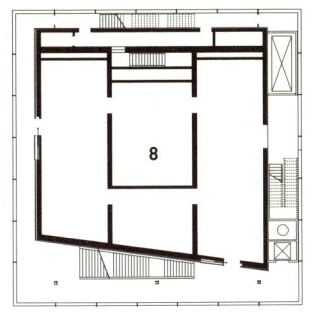 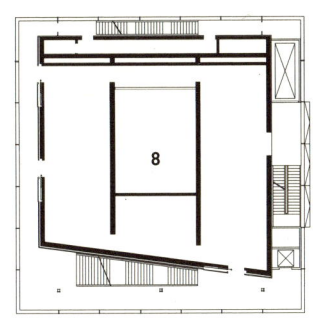 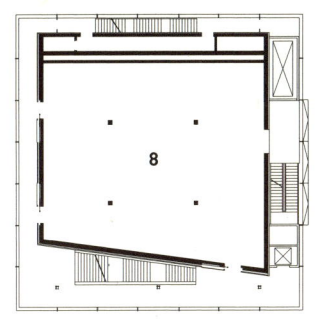 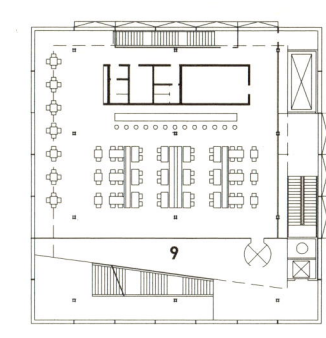

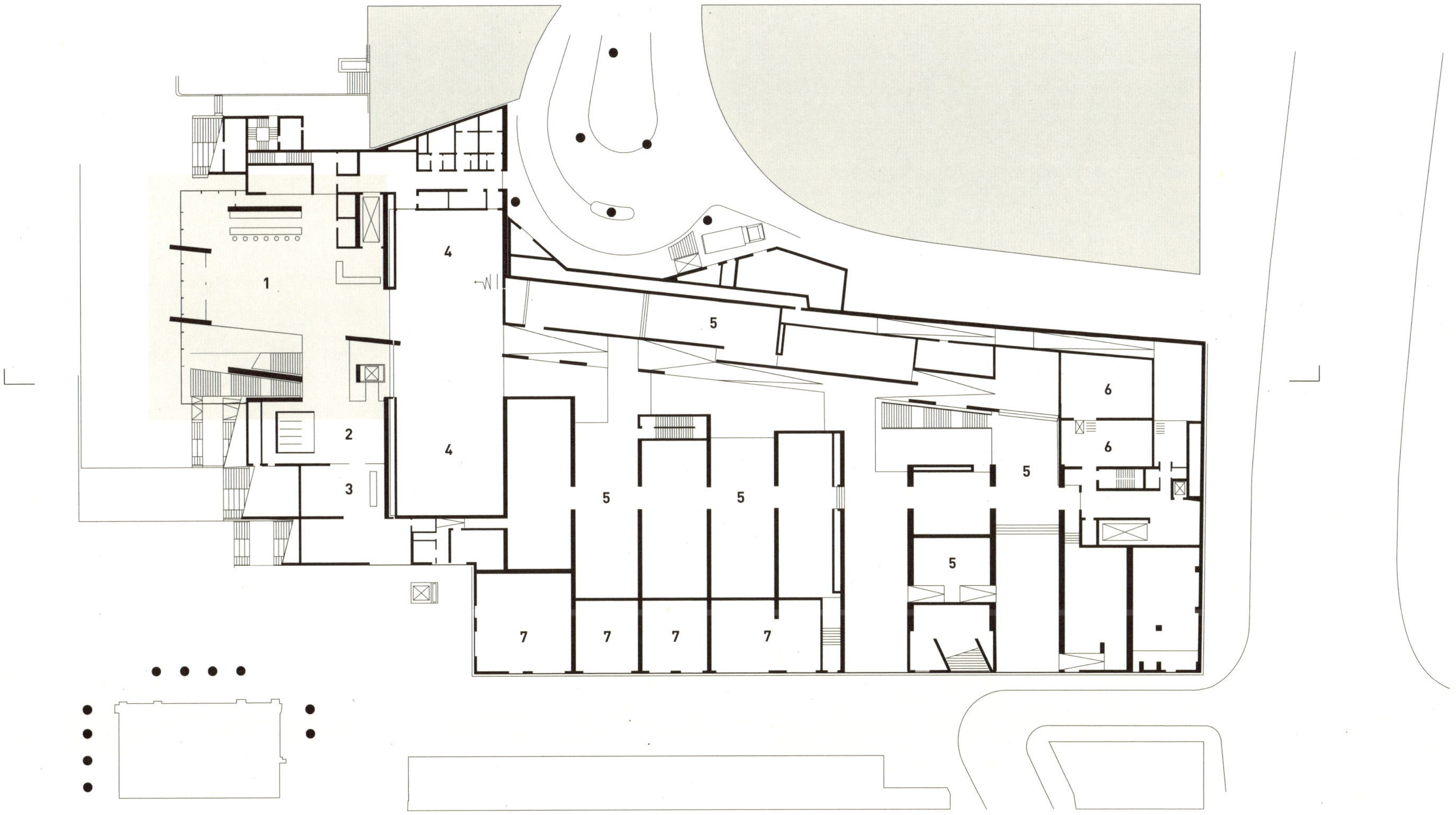

Die Schaubilder zeigen verschiedene Phasen des komplexen Bauprozesses: Abbruch des Bestands, Bau des Untergeschosses unter Benutzung von Teilen der alten Tunnelröhren und Bau der Eingangsebene des Museums über den Röhren.

These display pictures show various phases of the complex building process: demolishing the earlier building, building the ground floor using parts of the old tunnels and building the entrance area to the museum above the tunnels.

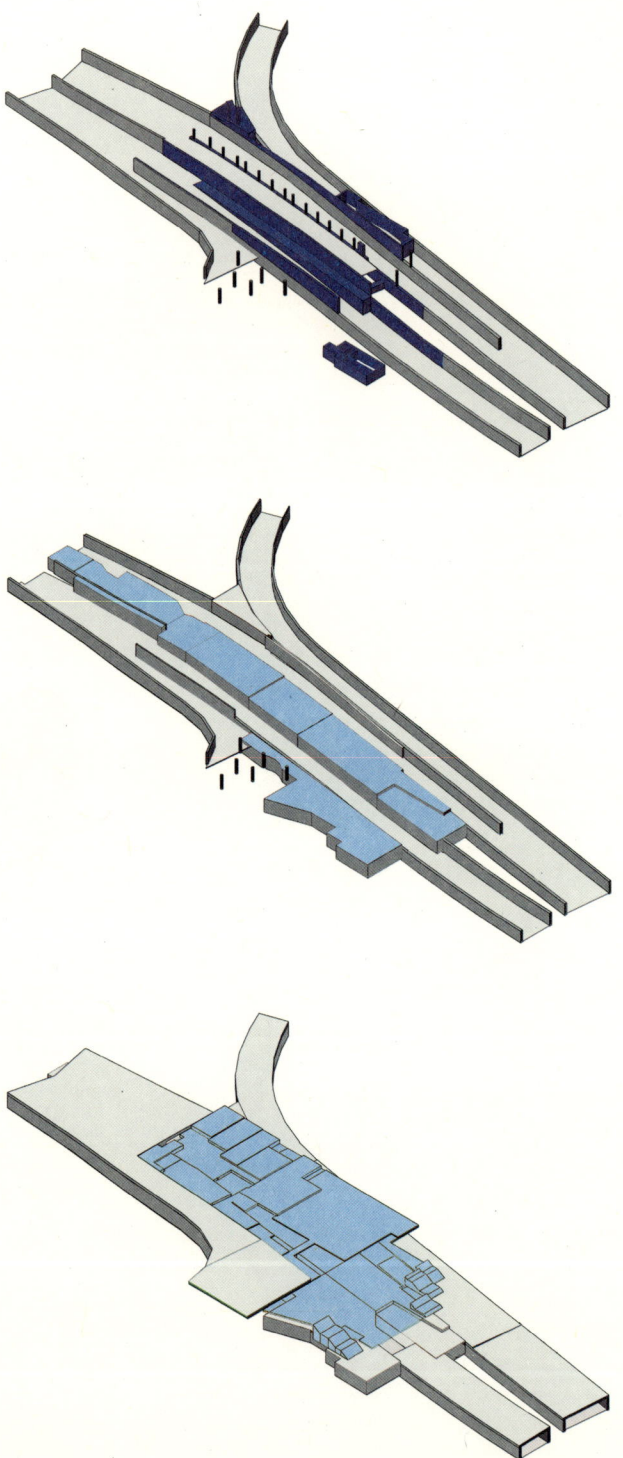

ties.« By using contemporary materials and an access concept that subtly focuses and redistributes the streams of visitors, the prize-winning concept was able to take on fragments of the 1960s ground plan in such a way that it could be read as a historical continuum again. The Wittwer building and the BW Bank were grouped to form a square figure with buildings containing offices and shops that were economical and simple to use. It was only the striking naturalness of this solution that made it possible for the museum to secure its present site at the front on Schloßplatz – even though this meant that the city needed a substantial dollop of Swabian persuasiveness when dealing with the developers.

On its own, the museum cube placed in the front line would have been attractive, but far too small in terms of area. So Hascher's and Jehle's design complemented this cube with a radically contemporary step relating to the combination of functions and the use of the »underground« space; four fifths of the exhibition space were pushed into the empty tunnels. If large sections of the museum were not hidden away like this, we would see a very slender band with a cube balancing cheekily on top of it. What has resulted is a building that is amazingly atypical of a museum, but that offers new possibilities. The question remains of how the architects met the challenge of linking the dissimilar parts of the museum – the cube looking like a jewel-box and the »exhibition workshop« surrounded by long walls.

Das Museum

Es gibt in Europa kaum ein anderes Kunstmuseum, das so offensiv in das kommerzielle Gefüge der Stadt gestellt ist. Diese Präsenz des Stuttgarter Museums war von den Architekten gewollt. Die Entscheidung, das Museum weithin sichtbar vorn an die Einkaufsmeile Königstraße zu rücken, war die zentrale Entwurfsidee des preisgekrönten Entwurfs. Ein architektonisches Wagnis mit dem Risiko des Scheiterns? Die Architekten haben für den prominenten Standort ihres Museums gekämpft. Auf die Frage der drohenden Vereinnahmung der Kunst konterten sie mit dem Hinweis auf eine subtile Entscheidung: Sie hätten das Museum leicht aus der Kommerzachse zurückgesetzt, damit man den Portikus des Königsbaus besser sehen könne. Dieser, so die Architekten, »sei doch die Attraktion«. Natürlich legten sie mit dieser Aussage eine Präferenz fest: Das Museum versteht sich zuerst als Teil des Schloßplatzes, als Teil der historischen und öffentlichen Mitte der Stadt, und dann erst als Teil der Einkaufsmeile.

Der Museumseingang ist überraschend unprätentiös. Leicht gemacht wird den Besuchern das Überschreiten der Museumsschwelle durch den Umstand, daß die Architekten die Glasfassade des Würfels und mit ihr die Steinfassade aus Jurakalk nicht bis zum Boden durchgezogen haben, sondern die Fassade im Erdgeschoß zurückspringen lassen und dort den Bau mit weiten Glasflächen für die Besucher öffnen. Mit welchen Mitteln aber erreicht das Museum jene notwendige Grenzziehung gegen das bildliche Hereinfluten der Einkaufstüten, ohne die Ausstellungsfunktionen abzuschotten? Im Inneren geschieht dies durch eine gestaffelte Abfolge von schmalen Wandscheiben aus Sichtbeton. Diese umgreifen das große Foyer in zunehmend dichter werdender Abfolge. Eine besonders markante Wandscheibe gleich rechts hinter dem Eingang hält eine große, offene Treppe, die die Verbindung zum gläsernen Turm und durch einen Luftraum zum unterirdischen Ausstellungstunnel schafft. Schrittweise wird so im Foyer der kommerzielle Raum in Richtung auf die Museumsräume abgeschirmt. Atmosphärisch begleitet wird dieser Wechsel von der Deckenskulptur »Treibholz« von Andreas Schmid, die in einem Stakkato aus Licht die Außen- und Innenräume zusammenzieht. Der Foyerboden ist aus Basaltlava, der Tresen des Cafébereichs ist ebenfalls aus Basalt, aber mit anderem Schliff ausgeführt. Sobald man die Eintrittskarte gelöst hat, findet man sich im Übergang vom städtischen Stein zum weiß lasierten Eichenparkett und zur distanzierten Atmosphäre des Museums. Genau kalkulierte Materialgesten charakterisieren die Übergänge, während die Raumfolgen selbst fließend sind. Hier schon – wie dann auch weiter oben in den Ausstellungsbereichen des Würfels – ist ein wichtiges Gestaltungsmerkmal der Architekten abzulesen, die aufeinanderfolgenden Raumbereiche eher in einem abgestuften Gleichgewicht zu halten, als sie hart voneinander abzusetzen.

Den Auftakt der Ausstellungsräume bildet die in ausladender Breite quer zur Längsrichtung des Museums gelagerte sogenannte Kounellis-Spange. Von hier aus wird die unterirdische Enfilade an Räumen in ihrer ganzen Tiefe sichtbar. Diese lineare Blickbeziehung über zwei Geschosse hinweg dient als wichtige räumliche Orientierung für die Besucher. Wie die eindrucksvollen, aber zunächst unpassenden Großräume des ehemaligen Straßenbahn- und Autotunnels für die Kunst umzunutzen seien, darüber gab es während des Planungsprozesses lange kontroverse Debatten. Der frühere Museumsleiter Johann-Karl Schmidt hatte sich für eine Staffelung vieler kleiner Kojen nach dem Kartausenprinzip ausgesprochen. In Abstimmung mit der neuen Museumsleiterin Marion Ackermann wurde es dann ein offenes Konzept. Die Architekten entwarfen auf einem 8,40-m-Raster eine Folge von räumlichen Grundeinheiten. Die meisten der querliegenden, über die Mitte erschlossenen Ausstellungsräume sind 80 m^2 groß. Sie bieten genügend Raum für eine großzügige Hängung auf beiden Seiten. Die kleineren Räume, meist über Kopf erschlossen, haben eine Größe von 50 m^2, und als drittes Element gibt es einige nicht viel mehr als 10 m^2 große Kammern. Wie diese Räume miteinander verbunden sind, gleicht architektonisch mehr einer gebauten Landschaft als einer rigoros aufgefädelten Geometrie. Zwei Kom-

ponenten prägen diese topologische Ordnung. Zum einen ist es die bereits erwähnte, vom Foyer aus sichtbare Wegeführung längs der ehemaligen Tunnelachse. Sie übt im Erdgeschoß eine Sogwirkung aus hinein ins Innere zu den seitlichen Kabinetten. Zum anderen ist es das in den Kleinen Schloßplatz geschnittene verglaste Oberlichtband, das die Erschließung mit natürlichem Licht begleitet. Eindringlich wirkt die langgezogene Wegeführung auch im Untergeschoß. Die ehemalige, knapp 15 m breite Tunnelröhre »D« wird hier zum mächtigen, über zwei Geschosse reichenden Universalraum für die Kunst. Die Architekten sprechen von einer Leitplankenfunktion der dicken Seitenwände. Sogar ein großes Fenster auf den Autoverkehr der intakten Tunnelröhre hätten sich die Planer hier unten vorstellen können, wenn dieser Vorschlag nicht dem damaligen Museumsleiter mißfallen hätte. Als unerwartetes Element prägt der in mehreren Abschnitten ansteigende Boden die Museumsräume. Es ist, als ob die klaren Raumkanten plötzlich ihren linearen Bezugspunkt verlieren. Grund für diesen Versprung im Boden sind die Stahlbetonfundamente der alten Tunnelröhre. Auch hier verzichteten die Architekten auf die Möglichkeit, solche »Störungen« aus dem Entwurf zu eliminieren, und benutzten sie für ihre Zwecke. Die Museumsräume sollen bewußt keine perfekten Ausstellungskisten sein. Aber auch den zur Zeit modischen Ruinencharme umgenutzter Bauten aus den 1960er Jahren wollten die Architekten vermeiden. Entstanden ist eine Moderne, die in einem zunächst streng wirkenden Gestaltungskonzept dem Vorgefundenen der jüngeren Baugeschichte einen Platz bei der Mitgestaltung einräumt. »Die orthodoxe Moderne«, so die Architekten, »hat das chaotische Leben immer ausgeklammert.« Auch auf dem Weg nach oben, in die exponierten Ausstellungsflächen des gläsernen Würfels, findet der Besucher keine prätentiösen Gesten. Er bewundert die grandiose Aussicht auf die Stadt, streicht mit der Hand über die krustige Oberfläche des ockerfarbenen Jurasteins, wird dann – an unerwarteter Stelle – wie von Zauberhand eingelassen in die oberen Kunstkabinette, die über eine offene Galerie miteinander verbunden sind. Das bisweilen surreal anmutende Nebeneinander neuer und erinnerungsträchtiger Materialien und Raumfolgen steht für eine Architektursprache, die von dem kühlen Minimalismus Schweizer Prägung weit entfernt ist.

Wie bewältigt dieser Bau den schwierigen Spagat eines städtischen Kunstmuseums, dessen enormer Fundus 15 000 Ausstellungsstücke internationaler und regionaler Provenienz umfaßt und dessen Aufgabe darin liegt, die heimische Kunst mit der internationalen in einen faßbaren Zusammenhang zu bringen. »Alles bloß Addition?«, mit dieser Frage beschrieb bereits in den 1970er Jahren Helmut Heißenbüttel die Gefahr, daß der regionalen Szene ein internationaler Mantel nur übergestülpt würde, daß ein Ausstellungshaus die heterogenen Kontexte der Kunst bloß zusammenpackt, nicht aber wirklich zusammenhalten kann. Zweifellos verweist diese Frage zuerst auf die Sammlung selbst und auf das mit ihr verbundene Ausstellungskonzept der nächsten Jahre, und die Architektur selbst hat hier nur einen bedingten Einfluß. Andererseits kann gerade ein solcher Neubau bestimmte Möglichkeiten favorisieren und andere schwermachen. Das Stuttgarter Museum bietet mit seinen Räumen – ohne daß es dabei seine Kraft als eigenständige, in sich wirkende Architektur verliert – individuell organisierbare Abfolgen und Nutzungszyklen, die sich längs der klaren Wegeführung unterschiedlich koppeln und trennen lassen und selbst über Leerstellen miteinander kommunizieren können. Vor allem bietet das Museum in der Tiefe seiner großzügigen Ausstellungsflächen Bereiche selbstverständlicher Zurückgezogenheit, die diesen eine für die neuere Kunst wichtige Komponente hinzufügen, nämlich die, auch als werkstattmäßig bespielbares »Schaulager« benutzt werden zu können. Daß es daneben noch möglich ist, die Bedürfnisse nach großflächiger Repräsentation umzusetzen, zeigt die erstaunliche Bandbreite dieses Hauses. Die Architekten nennen die voneinander entkoppelbaren Möglichkeiten – so kann beispielsweise der große Kounellis-Raum ohne Probleme separat genutzt werden – Zwiebelschalenkonzept. Der Kommerz, um die eingangs gestellte

Das Foyer des Museums erfüllt mehrere öffentliche Funktionen: Es beherbergt ein kleines Café mit Bar und Sitzgelegenheit auf der Königstraße, den Info- und Kassenbereich und die Museumsbuchhandlung.

The museum foyer fulfils several public functions: it contains a small café with bar and seating on Königstraße, the information and ticket area and the museum bookshop.

Frage aufzugreifen, ist hier auf Tuchfühlung an die Kunstsammlung der Stadt herangelassen worden. Aber der Neubau begegnet dieser Nachbarschaft mit einem Architekturkonzept, das über den normalen Museumsbetrieb hinaus eigensinnige künstlerische Vermittlungsformen geradezu herausfordert.

There is scarcely another museum in Europe placed as aggresively within the city's commercial structure as this one. The architects wanted the Stuttgart museum to have this kind of presence. The decision to shift the museum right into Stuttgart's major shopping area was the central idea behind their winning design. A bold architectural stroke, carrying the risk of failure? The architects fought for their museum to be prominently placed. They responded to questions about whether art was not threatened with being overwhelmed by pointing out a subtle, but very important decision: they had shifted the museum slightly back from the commercial axis so that the portico of the Königsbau would be more readily visible. This, the architects said, »is the attraction«. Of course this statement meant that they were showing a preference: the museum sees itself as part of Schloßplatz in the first place, part of the historical and public city centre, and only then as part of the shopping area.

The museum entrance is surprisingly unpretentious. The act of crossing the museum threshold is made easier for visitors by the fact that the architects did not take the glass façade of the cube and with it the Jurassic limestone façade right down to the ground, but pulled the façade back on the ground floor and opened the building up to visitors there with extensive areas of glass. But how does the museum manage to draw the necessary line between the figurative flood of shopping bags and the exhibition functions, without sealing the latter off? Inside, this is done with a staggered arrangement of narrow shear walls in exposed concrete. These surround the large foyer in an increasingly dense sequence. An especially striking shear wall immediately on the right beyond the entrance contains a large, open staircase linking up with the glass tower and the underground exhibition tunnel, via an air space. In this way in the foyer the commercial space is gradually lowered towards the museum spaces. This change is accompanied atmospherically by Andreas Schmid's »Treibholz (Driftwood)« ceiling sculpture, which pulls the external and internal spaces together in a staccato display of light. The foyer floor is made of basalt lava, the counter in the café area is also in basalt, but has another finishing cut. As soon as you have bought your ticket you find yourself in a transitional phase from urban stone to white-glazed oak parquet and the distanced atmosphere of the museum. The transitions are characterized by precisely calculated material gestures, while the spatial sequences themselves are fluent. Even at this early stage – and again, further up in the cube exhibition areas – we can see one of the architects' important design characteristics. They prefer to keep spatial sequences in a state of graduated balance, rather than setting them off from each other with hard edges.

The prelude to the museum galleries is formed by the so-called Kounellis clasp, placed in expansive breadth transversely to the museum's longitudinal axis: from here the full depth of the enfilade of underground spaces becomes visible. This set of linear sightlines over two storeys serves as an important factor for visitors finding their spatial bearings. There were long and controversial debates during the planning process about how the impressive, but at first unsuitable large spaces of the former tram and car tunnel could be converted for use with art. The former museum director Johann-Karl Schmidt had come out in favour of many little bays staggered on the »Carthusian principle«. But this became an open concept in discussion with the new museum director Marion Ackermann. The architects designed a sequence of basic spatial units, working on an 8.4 m grid. Most of the exhibition spaces, arranged transversely and accessed centrally, are 80 m^2 in size. They offer enough space for generous hanging on both sides. The smaller spaces, mainly accessed overhead, are 50 m^2 in size, and a third element is provided by really small

Die Lichtbänder der Neonskulptur von Andreas Schmid stärken den räumlichen Zusammenhang von innen und außen.

The bands of light in Andreas Schmid's neon sculpture reinforce the transitions between inside and outside.

spaces of about 10 m². These spaces are linked together in a way that is architecturally more like a built landscape than a rigorous geometrical string. Two components shape this topological arrangement. One is the above-mentioned alignment of routes along the tunnel axis visible from the foyer. On the ground floor this draws visitors into the interior to the small spaces on the sides. The second feature is the »lake of light« carved into the Kleiner Schloßplatz, which provides natural light in the access area. The long orientation of pathways makes an almost more powerful impact on the basement floor. The former »D« tunnel, just under 15 m wide, here becomes a massive universal space for art, rising through two storeys. The architects suggest that the thick side walls act as crash barriers. The planners would even have found themselves able to imagine a big window showing the road traffic in the intact tunnel if this suggestion had not displeased the then museum director. The floor rises in several stages, an unexpected element that helps to shape the tactile impression made by the museum galleries. It is as though the rooms' clear edges suddenly lose their linear reference point. This difference in floor level is caused by the reinforced concrete bases of the old tunnel's foundations. Here too the architects did not take advantage of the possibility of eliminating such »disturbances« from the design, but put them to use for their own purposes. The museum galleries are definitely not intended to be perfect exhibition boxes. But the architects also wanted to avoid the current fashion for charming ruins in reused buildings dating from the 1960s. This has produced a kind of Modernism that allows what has been found from recent unpure building history a say in helping to create a design concept. »Orthodox Modernism«, say the architects, »has always refused to include chaotic life.« Visitors do not find pretentious gestures on the way up into the exposed exhibition areas in the glass cube either. They admire the magnificent view of the city, stroke the crusty surface of the ochre Jurassic stone with their hands, and are then – at an unexpected point – admitted to the small upper art spaces, linked by an open gallery, as if by a magic hand. The sometimes surreal-seeming juxtaposition of new, fresh materials and spatial sequences steeped in memories stands for an architectural language that is a far from cool, Swiss-style Minimalism.

How does this building deal with the difficult task facing a municipal art museum whose enormous holdings include 15,000 exhibition items of international and regional provenance and that has to link indigenous art coherently with international art? »Nothing but accumulation?«, as Helmut Heißenbüttel, as early as in the 1970s, described the danger of merely slipping an international cloak over the regional scene, of exhibition architecture merely packing heterogeneous art contexts together, but being unable actually to hold them together. Of course this question related first and foremost to the collection itself and to the exhibition concept for future years associated with it, and the actual architecture has only limited influence here. On the other hand, a new building like this can incline towards some possibilities and make others difficult. The Stuttgart museum's galleries – without losing the building's power as independent architecture effective on its own terms – offer sequences and use cycles that can be organized individually: they can be linked and divided differently alongside the clear routes through the building, and can communicate with each other even over the gaps. Above all, in the depths of its generous exhibitions areas, the museum has spheres of natural reticence that add a component to them that is important for more recent art, and that is the fact that they can also be used as a »show store« which is operated like a workshop. The astonishing bandwidth of this building shows in addition to this that it is still possible to meet the needs of imposing presentation on a large scale. The architects call these detachable possibilities – for example the large Kounellis gallery can easily be used separately – an onion-layer concept. Commerce, to take up the question asked at the beginning, has been admitted here to rub shoulders with the city's art collection. But the new building meets this proximity with an architectural concept that positively provokes highly personal artistic mediation forms over and above normal museum practice.

Beim Übergang vom öffentlichen Bereich zu den Museumsräumen wechseln die Materialien. Der schwere schwarze Basaltboden und die Sichtbetonwände weichen weißen Wänden und weiß lasiertem Parkett.

The materials change at the point of transition between the public area and the museum spaces. The heavy black basalt floor and exposed concrete walls give way to white walls and white-varnished parquet.

Der erste Ausstellungsraum ist die quer zum Foyer liegende Kounellis-Spange – eine große Halle, die den thematischen Auftakt des Besucherrundgangs bildet.

The first exhibition gallery is the Kounellis clasp, a large hall setting the scene for the visitor tour.

Der Rundgang führt die Besucher in eine 115 m tiefe Abfolge von Ausstellungsräumen unter dem Kleinen Schloßplatz, die die Neunutzung von Teilen der ehemaligen Tunnelröhren möglich machte.

The tour takes the visitor into a 115 m deep sequence of exhibition spaces under the Kleiner Schloßplatz; this made it possible to reuse parts of the former tunnels.

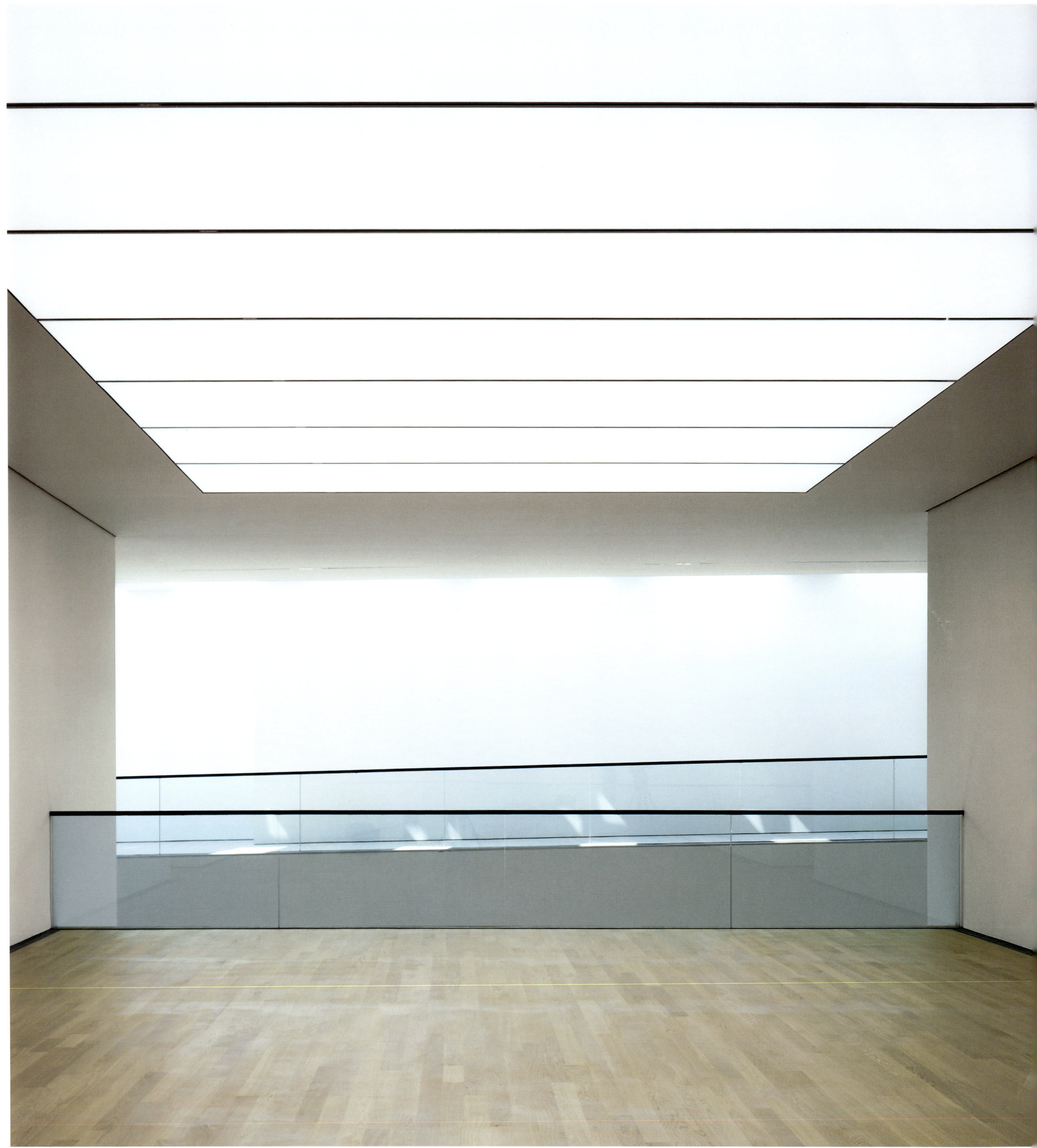

In Querrichtung werden die großen Räume durch seitlich angeschlossene kleinere Kabinette ergänzt.

The large rooms are complemented by small galleries accessed from the sides.

Transparente Brüstungen rücken die verschiedenen Ausstellungsbereiche unvermittelt gegeneinander.

Transparent parapets bring the various exhibition areas into direct contact.

Stege überbrücken die Lichthöfe zwischen den Ausstellungsebenen. Durch die fließenden Raumformen entsteht ein breites Spektrum unterschiedlicher Ausstellungswände.

Walkways bridge the light-wells between the exhibition levels. The flowing spatial forms create a broad spectrum of different exhibition walls.

Am Ende der 115 m langen Erschließungsachse führt eine breite Treppe in das Untergeschoß.

Wide steps lead from the end of the 115 m long access area to the basement floor.

Der unerwartet ansteigende Parkettboden ist auf das Fundament des einstigen Tunnels zurückzuführen. Er trägt zum Werkstattcharakter des Museums bei.

The parquet floor rises unexpectedly because of the foundations for the former tunnels. This contributes to the museum's workshop character.

Ausschnitte in den Wandfolgen fokussieren nicht nur die Kunst, sondern auch die Besucher.

Breaks in the wall sequences focus both the art and the visitors.

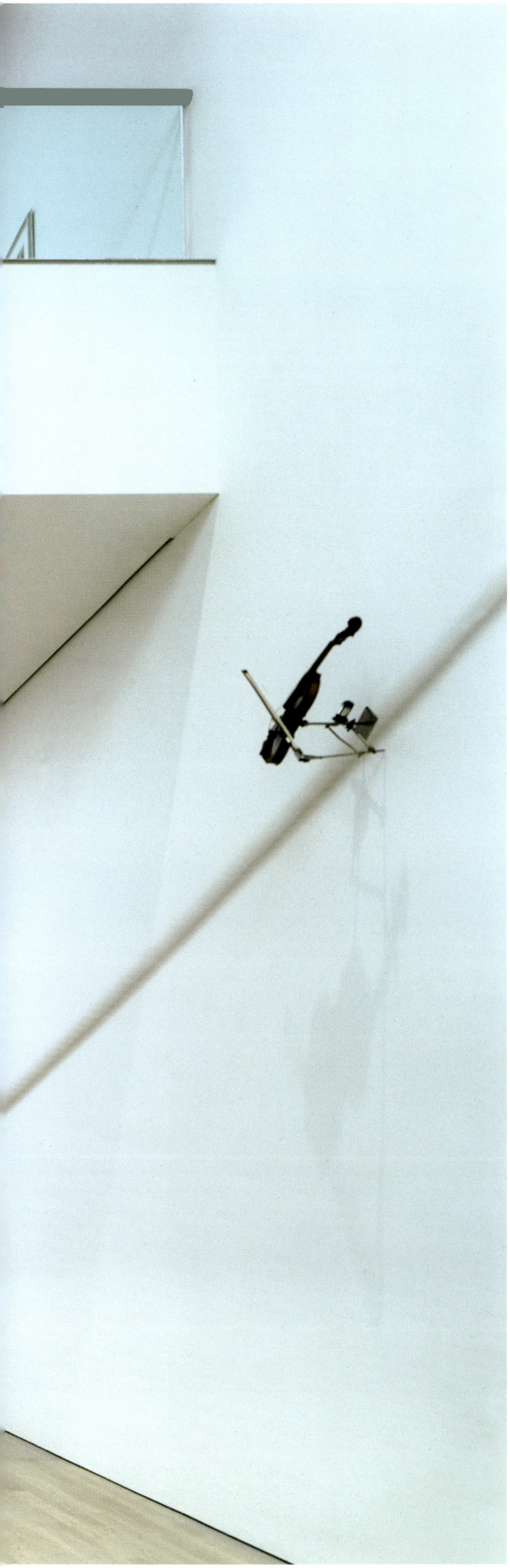

Rebecca Horn erhielt für ihre Installation einen eigenen Raum.

Rebecca Horn was given a gallery of her own for her installation.

Wo der Rundgang durch die Ausstellungsröhre auf der Schloßplatzseite wieder endet, führt eine Treppe zurück ins Foyer und von dort in die Wechselausstellungsräume des Museumsturms.

Stairs lead from the point where the exhibition tube ends on the Schloßplatz side back in the foyer and from there into the temporary exhibition spaces in the museum tower.

Die Bilder scheinen die Museumsbesucher gerade in dem Augenblick zu überraschen, wenn sie von höher gelegenen Galerien neugierig auf andere Besucher herabblicken; sie zeigen sie vor langen Wandfluchten, wie sie sich unvermittelt von zwei Seiten begegnen; oder sie folgen Leuten, die in einer Reihe hintereinander über einen schmalen Steg laufen, als hätten sie sich zu einer Wanderung verabredet. Auch die verschiedenen Photographen, die das Museum seit der Eröffnung dokumentiert haben, begnügten sich nicht mit den komponierten, statischen Augenblicken der klassischen Architekturphotographie. Im Gegenteil haben sie sich meist auch von der dynamischen Dimension räumlicher Durchdringungen, die sich in den Bewegungen und den Blicken der Besucher spiegelt, anregen lassen. In diesen Bildern zeigt sich das Kunstmuseum vor allem als begehbare Landschaft.

Längst hat sich die Museumsarchitektur von der einstigen Pflicht einer möglichst neutralen Präsentation der Kunstwerke verabschiedet. In den letzten 50 Jahren durchschritt sie eine Reihe unterschiedlicher Stationen: Es begann mit den leergeräumten, hintereinander gefädelten Räumen der Nachkriegsmoderne mit ihrem strikten Ethos aufklärerischer Erbauung, gefolgt von der antihierarchischen Bazar-Struktur der 1960er und 1970er Jahre, wie ihn das Centre Pompidou von Renzo Piano und Richard Rogers in Paris exemplarisch verkörpert. Dann kamen die geschichtsbezogenen Räume der Postmoderne; der Bau der Stuttgarter Staatsgalerie von James Stirling wurde zu einer ihrer Ikonen. Die jüngste Entwicklung, die die umfassende Gestaltung eines möglichst populären Identifikationspunktes für die ganze Stadt zum Ziel hat, ist noch nicht abgeschlossen. Sie erfährt immer neue Blüten, seit Frank Gehrys Eventarchitektur in Bilbao einer vergessenen Industriestadt internationale Aufmerksamkeit verschafft hat. Auch das Stuttgarter Kunstmuseum von Hascher und Jehle bietet, wenn auch mit schwäbischer Diskretion, solche Erlebnisräume. Seine besondere Kraft zieht das Museum, das einen Turmtypus und eine lange Flucht von Sälen kombiniert, aus der Verbindung vertikaler und horizontaler Bewegung. Die Brücken, Stege und Galerien, die die Photographen so sehr herausgefordert haben, sind die prägenden Elemente. Sie schaffen jenes zufällige Vis-à-vis, das die Besucher immer wieder miteinander konfrontiert, bevor sie sich der Betrachtung der Bilder zuwenden.

The pictures seem to take the museum visitors by surprise just at the moment they look curiously down at other visitors from higher galleries; they appear in front of long stretches of wall, suddenly meeting from two sides; or they follow people walking in a row behind each other on a narrow walkway, as though they had agreed to go for a long walk with them. Also the various photographers who have created a record of the building since it opened were not content with the composed, static moments of classical architectural photography. On the contrary, they were usually stimulated by the dynamic dimension of spatial penetrations reflected in the visitors' movements and looks. These pictures show the Kunstmuseum above all as a landscape for walking about in.

Museum architecture has long since said farewell to its former duty of presenting works of art as neutrally as possible. It has gone through a number of different stages in the last 50 years: it started with post-war Modernism with its clear, empty spaces threaded together in sequence, with their strict ethos of educational approach, followed by the anti-hierarchical bazaar structure of the 1960s and 1970s, as embodied in exemplary fashion by Renzo Piano's and Richard Rogers's Centre Pompidou in Paris. Then came Postmodern spaces, relating to history; James Stirling's Staatsgalerie in Stuttgart became one of its icons. The most

recent development, aiming at dramatic design to provide an identification point for the whole city, is not yet complete. It continues to blossom since Frank Gehry's adventurous architecture in Bilbao drew international attention to a forgotten industrial town. Hascher's and Jehle's Stuttgart Kunstmuseum also offers this kind of spatial experience, even though it does so with Swabian discretion. The museum, which combines the tower type with a long run of rooms, draws its special strength from combining vertical and horizontal movement. The bridges, walkways and galleries that so challenged the photographers are the key elements. They create this kind of chance juxtaposition that keeps confronting visitors with each other before they turn their attention to the pictures.

Stege und verglaste Galerien sind räumliches Gliederungsinstrument der von Lichthöfen geprägten Museumsarchitektur.

Walkways and glazed galleries are a spatial articulation element in the museum architecture with its characteristic light-wells.

Die Sonnenschutzgläser der Fassade wurden mit grauen Streifen bedruckt.

The shading glass in the façade was printed with grey stripes.

Der Kubus The cube

Umlaufende Galerien führen die Besucher von außen in die Ausstellungsräume des Kubus.

Continuous galleries lead the visitors from outside into the exhibition galleries of the cube.

Einige schmale Öffnungen bieten Blickbeziehungen zum Schloßplatz.

Some narrow apertures provide visual links with Schloßplatz.

Die Museumsräume werden durch bündig eingelassene und in einer Richtung unterteilte Lichtdecken beleuchtet.

The museum galleries are lit by luminous ceilings, set flush and divided in one direction.

Als sei der innere Museumswürfel selbst Teil einer Skulptur, zeigen seine Wände ein kräftiges Muster aus Muschelkalk.

The walls of the inner museum cube have a strong muschelkalk pattern, as if they too were part of a sculpture.

Die große Treppe an der Nordostfassade führt zur Aussichtsterrasse des Restaurants.

The large steps on the northeast façade lead to the restaurant's viewing terrace.

Der Blick von der Terrasse zeigt auf der anderen Seite des Schloßplatzes auch die Kuppel des Kunstgebäudes: Von Theodor Fischer erbaut, im Krieg zerstört, und von Paul Bonatz und Günter Wilhelm wiederaufgebaut, war dieser längst zu klein gewordene Bau das einstige Domizil der Museumssammlung.

The view from the terrace also includes the dome of the building devoted to art on the other side of Schloßplatz: built by Theodor Fischer, destroyed in the war and rebuilt by Paul Bonatz and Günter Wilhelm, this building, which used to house the museum collection, had proved too small for a long time.

Panoramen Panoramas

Als Karl Friedrich Schinkel 1824 Stuttgart besuchte, interessierte er sich vor allem für die Gemäldesammlung von Sulpiz Boisserée. Für das Neue Schloß hatte er nur freundliche Herablassung übrig: »Die Architektur von Thouret ist angenehm.« Auch der Franzose Victor Hugo, für einen kurzen Besuch in Stuttgart, hielt die städtische Architektur nicht für weiter erwähnenswert. »Berg, Tal, Fluß und Wald, das ist Stuttgarts ganzer Schmuck.« Damals hatte die Stadt noch ein mittelalterliches Gepräge.

Erst im 20. Jahrhundert weckte die Stuttgarter Architektur bei fremden Besuchern ein eigenes Interesse: Die provokant avantgardistische Weißenhofsiedlung, der Bahnhof von Paul Bonatz, aber auch der Tagblatt-Turm von Ernst Otto Oßwald und Erich Mendelsohns Kaufhaus Schocken prägten den Ruf Stuttgarts als Ort einer facettenreichen Moderne. Es war der Maler Reinhold Nägele, der zu jener Zeit in minutiösen Bildern das wachsende Selbstbewußtsein Stuttgarts als zeitgenössische Stadt festhielt: Nägele zeichnete ein lebendiges Bild neuer und alter Bauten, die aufgrund der bewegten Topographie keinen geschlossenen Stadtkörper bilden, sondern als ein Dialog aufeinander bezogener Einzelbauten in Erscheinung treten. Der Wiederaufbau nach den Zerstörungen des Zweiten Weltkriegs hat diese Besonderheit der Stadt noch deutlicher werden lassen.

Es ist eine der markantesten Eigenschaften des neuen Kunstmuseums, daß es – wiewohl an einem der »tiefsten« Punkte des Talkessels gelegen – dem Besucher auf seiner Terrasse jenen Überblick bietet, den sonst nur ein Turm ermöglicht: Aus erhabener Perspektive blättert es ihm ein Panorama jener harmonisch, eigensinnig und da und dort auch spöttisch miteinander kommunizierenden Einzelbauten auf.

When Karl Friedrich Schinkel visited Stuttgart in 1824 he was interested above all in Sulpiz Boisserée's painting collection. For the Neues Schloß he had nothing but amiable condescension: »Thouret's architecture is pleasant.« The French writer Victor Hugo, who was paying a brief visit to Stuttgart, also did not feel there was anything to be said about the urban architecture. »Mountain, valley, river and wood, that is all the adornment Stuttgart has.« At that time the city still had a medieval look.

It was not until the 20th century that Stuttgart's architecture aroused some interest from foreigners in its own right: the provocatively avant-garde Weißenhofsiedlung, Paul Bonatz's station, but also Ernst Otto Oßwald's Tagblatt tower and Erich Mendelsohn's Schocken department store established Stuttgart's reputation as a place of many-faceted Modernism. It was the painter Reinhold Nägele whose scrupulously precise pictures captured Stuttgart's growing self-confidence as a contemporary city: Nägele painted lively pictures of new and old buildings that do not form a city as a complete entity, because of the lively topography, but appear as a dialogue of individual buildings relating to each other. Rebuilding after damage in the Second World War made this special feature of the city stand out even more.

One of the most striking features of the new Kunstmuseum is that – even though it is placed at one of the »deepest« points in the valley – its terrace offers visitors an overview that would otherwise be possible only from a tower: from a lofty viewpoint, it opens up a panorama of those individual buildings for them, communicating with each other harmoniously, wilfully and occasionally teasingly as well.

Projektbeteiligte und Daten Project participants and data

Kunstmuseum Stuttgart
Kleiner Schloßplatz 1
70173 Stuttgart

Bauherr Client
Landeshauptstadt Stuttgart
Referat Kultur, Bildung und Sport,
vertreten durch represented by
Technisches Referat, Hoch- und
Tiefbauamt, Dorotheenstraße 4,
70173 Stuttgart

Baukosten Building costs
ca. 67 000 000 EUR

Baubeginn Start of construction
März March 2002

Fertigstellung Completion
September 2004

Eröffnung Opening
März March 2005

Bruttogeschoßfläche Gross floor area
13 000 m^2

Bruttorauminhalt Gross building volume
68 100 m^2

Hauptnutzfläche Main floor area
7 306 m^3

Architekten – Wettbewerb 1999
Architects – competition 1999
Hascher + Jehle Architekten und Ingenieure, Berlin

Mitarbeiter Staff members
Frank Jödicke, Michael Mainka,
Johannes Raible

Architekten – Ausführung 1999–2004
Architects – realization 1999–2004
Hascher, Jehle und Assoziierte
GmbH, Berlin

Projektleiter Project managers
Thomas Kramps, Beate Leidner,
Arndt Sänger, Eberhard Veit

Mitarbeiter Staff members
Andreas Dalhoff, Frank Jödicke,
Silvia Keller, Ralf Mittmann,
Philipp Nocke, Ausberto Oduardo,
Jens-Peter Riepen, Ulrike von Schenck,
Juliane Schröder, Thomas Weber,
Daniel Wendler

Bauleitung Site management
kappes partner ingenieur- und
planungsgesellschaft mbh,
Stuttgart

Projektsteuerung Project management
Drees & Sommer GmbH, Stuttgart

Fachplaner Technical consultants

Tragwerksplanung Structural engineering
Werner Sobek Ingenieure & Co. KG,
Stuttgart, in Zusammenarbeit
mit Fichtner Bauconsulting, Stuttgart

Fassadenberatung Façade planning
Ingenieurbüro Brecht, Stuttgart

Heizungs-, Lüftungs, Sanitärplanung
Heating, ventilation, sanitary planning
PIV Planungsingenieure Versorgungstechnik GmbH, Stuttgart

Elektro- und Lichtplanung
Electrical and light planning
ibb Burrer & Deuring Ingenieurbüro
GmbH, Ludwigsburg

Lichtplanung Light planning
Peter Andres Beratende Ingenieure
für Lichtplanung, Hamburg

Bauphysik Building science
Bobran Ingenieure Akustik + Bauphysik,
Stuttgart

Brandschutz Fire prevention
HHP Nord/Ost Beratende Ingenieure
GmbH, Braunschweig

Klimasimulation Climate simulation
DS-Plan Ingenieurgesellschaft für ganzheitliche Bauberatung und -planung
mbH, Stuttgart

Photonachweis Sources of photographs

Svenja Bockhop, Berlin
Seiten Pages 5, 7, 9, 15, 18, 19, 20, 21, 37, 38, 39, 47, 48, 50, 51, 53, 55, 56, 57, 58, 59, 60, 61, 63, 67, 69, 70, 71, 75, 79, 80, 81, 83

Brigida Gonzalez, Stuttgart
Seiten Pages 24, 41, 52, 71, 72, 84, 88

Roland Halbe, Stuttgart
Seiten Pages 9, 10, 12, 13, 14, 16, 17, 23, 42, 44, 45, 46, 48, 49, 54, 59, 62, 64, 66, 68, 69, 74, 76, 77, 78, 82, 87

Andreas Keller, Stuttgart
Seite Page 28

Planungsamt Stadt Stuttgart
Seiten Pages 26 (Plan Bohnert, 1871), 27 (Plan Hagmann, 1912), 29, 30

Künstler Artists

14/15	Alexander Calder
22/23	Alexander Calder
37	Otto Dix (VG Bild-Kunst, Bonn 2006), Anthony Cragg
41-44	Andreas Schmid
46/47	Jannis Kounellis, Simone Westerwinter
48	K.R.H. Sonderborg, Bridget Riley, François Morellet, Aurélie Nemours, Richard Paul Lohse
50	Adolf Hölzel
51	Dieter Roth, Serge Poliakoff, Walter Stöhrer (VG Bild-Kunst, Bonn 2006)
53	Paul Kleinschmidt, Erich Heckel, Adolf Hölzel
54	Fritz Winter (VG Bild-Kunst, Bonn 2006), Otto Herbert Hajek (VG Bild-Kunst, Bonn 2006)
55	Willi Baumeister
56	Elger Esser, Karl Hofer, Erich Heckel
57	Willi Baumeister
59	Walter Stöhrer (VG Bild-Kunst, Bonn 2006), Serge Poliakoff
60/61	Dieter Roth, Walter Stöhrer (VG Bild-Kunst, Bonn 2006)
63	Simone Westerwinter, Ben Willikens
66/67	Rebecca Horn (VG Bild-Kunst, Bonn 2006)
69	Thomas Locher
76/77	Otto Dix (VG Bild-Kunst, Bonn 2006), Bruce Nauman (VG Bild-Kunst, Bonn 2006)
78/79	Käthe Kollwitz, Bruce Nauman (VG Bild-Kunst, Bonn 2006), Dieter Krieg, Urs Lüthi

unterstützt durch supported by

Peter Andres – Beratende Ingenieure
für Lichtplanung, Hamburg – Wildschönau (A),
www.andres-lichtplanung.de

Rupert App GmbH + Co., Stahl- und, Metallbau,
Leutkirch, www.app.de

BEFA GmbH, Stahl- und Glaskonstruktionen,
Oelsnitz, www.befa-stahlbau.de

DI FRISCO GmbH & Co. Gebäudereinigung,
Stuttgart, www.difrisco.de

DS-Plan Ingenieurgesellschaft für ganzheitliche
Bauberatung und -planung mbH, Stuttgart,
www.ds-plan.com

Eicher Werkstätten, Kernen im Remstal,
www.eicher-werkstaetten.de

Eicher Werkstätten

exligno GmbH, Fachbetrieb für schöner
Wohnen und Arbeiten, Wutöschingen,
www.exligno.info

GBI Gackstatter Beratende Ingenieure GmbH,
Stuttgart, www.gackstatter.de

ibb Burrer & Deuring Ingenieurbüro GmbH,
Ludwigsburg, www.ibb-burrer-deuring.de

IBB Ingenieurbüro Brecht, Stuttgart,
www.ibbrecht.de

kappes partner Ingenieur- und
Planungsgesellschaft mbH, Stuttgart,
www.kappes-partner.com

Lauster Steinbau GmbH, Natursteinwerke
Stuttgart, www.laustersteinbau.de

PlanR Ingenieurgesellschaft für Fördertechnik,
Ditzingen, www.planrteam.de

Smoltczyk & Partner GmbH, Geotechnik
Hydrogeologie, Umwelttechnik,
Stuttgart, www.smoltczykpartner.de

S & P

Ed. Züblin AG, Komplettbau, Bereich Ingenieur-
bau, Stuttgart, www.zueblin.de